はじめに

　江ノ電沿線は風光明媚！　これが全線わずか 10km ながらもフォトジェニックスポットが多く、"撮り鉄"の撮影意欲をそそる魅力である。

　沿線に咲く 60 種類以上の花たちは、四季の移り変りを感じさせてくれる。青い海と入道雲、そして冬の富士山など、沿線の情景は四季折々バラエティに富んでいる。

　そんな沿線の素晴らしい情景を、このたび一冊の写真集にまとめてみた。本書をご覧いただき、江ノ電の四季を共感していただければ幸いである。

　江ノ電は今日もロマンを乗せて走っている。

＜注記＞

1　車両はすべて形式で表示し、車号は省略している。

2　カルダン駆動方式の 1500 形は、車体は 1000 形に準じているため、1000 形に含めて表示している。

3　本書に登場した車両で、すでに引退（又は廃車）している車両
　　100 形、300 形（現役の 305 号を除く）、旧 500 形、600 形、800 形　（令和 3 年 4 月現在）

4　本書に掲載した花の花期と春夏秋冬への振り分けについて
　　花期の短いものは 10 日間位、長いものは 10 ヵ月に及ぶため、季節をまたがるものもあり、また、年によっては花図鑑に記載されている開花月より早まる場合もあるため、春（3 〜 5 月）、夏（6 〜 8 月）、秋（9 〜 11 月）、冬（12 月〜 2 月）への振り分けは、撮影月を重視して行っている。

＜参考文献＞

1　花作り・庭作り大百科（主婦の友社）

2　四季の草花図鑑 500（主婦の友社）

3　ガーデン植物大図鑑（講談社）

表紙の写真　　　ハマダイコン＜アブラナ科＞　鎌倉高校前〜七里ヶ浜　300 形
　　　　　　　　　　　　　　　　　　　　　　　　　　　　　　　（令和 2 年 5 月）

裏表紙の写真　　カリフォルニアポピー＜ケシ科＞　石上〜柳小路　1000 形（SKIP 号）
　　　　　　　（ハナビシソウ）　　　　　　　　　　　　　　　　（平成 19 年 4 月）

春

モモの花が咲き、サクラが一斉にほころび、ナノハナが咲くなど、春に咲く花は枚挙にいとまがない。若葉も日一日と緑を濃くして、季節は次第に移っていく。

ハナモモ＜バラ科＞

稲村ヶ崎〜極楽寺　1000形　（平成 13 年 4 月）

稲村ヶ崎〜極楽寺　旧 500 形

（平成 10 年 4 月）

シダレモモ＜バラ科＞

鵠沼〜湘南海岸公園　20・500 形

（平成 27 年 3 月）

ハクトウ <バラ科>

極楽寺〜長谷　2000 形
（平成 12 年 3 月）

キクモモ <バラ科>

極楽寺〜長谷　300 形
（平成 12 年 4 月）

極楽寺〜長谷　300 形
（平成 16 年 4 月）

サクラ ＜バラ科＞

石上～柳小路　2000 形
（平成 20 年 4 月）

江ノ島～腰越　300 形
（平成 18 年 3 月）

稲村ヶ崎～極楽寺　1000 形
（平成 13 年 4 月）

藤沢〜石上　1000形　（平成 27 年 3 月）

稲村ヶ崎〜極楽寺　1000形　（平成 10 年 4 月）

イチハツ＜アヤメ科＞

七里ヶ浜〜稲村ヶ崎　300形　（令和 2 年 4 月）

エリゲロン＜キク科＞

稲村ヶ崎〜極楽寺　1000形　（令和 2 年 4 月）

ツバキ ＜ツバキ科＞

極楽寺～長谷　2000 形
（平成 12 年 4 月）

ユキヤナギ ＜バラ科＞

稲村ヶ崎～極楽寺　1000 形
（平成 16 年 4 月）

ハナズオウ ＜マメ科＞

鵠沼～湘南海岸公園　1000 形
（平成 12 年 4 月）

ヤエザクラ ＜バラ科＞

鵠沼〜湘南海岸公園　1000 形
（平成 10 年 4 月）

鵠沼〜湘南海岸公園　300 形
（平成 9 年 4 月）

鵠沼〜湘南海岸公園　1000 形
（平成 9 年 4 月）

ナノハナ ＜アブラナ科＞

稲村ヶ崎～極楽寺　1000 形
（平成 12 年 4 月）

稲村ヶ崎～極楽寺　10 形
（平成 28 年 4 月）

七里ヶ浜～稲村ヶ崎　600 形
（昭和 54 年 3 月）

鵠沼～湘南海岸公園　300形
（昭和 54 年 3 月）

ディモルフォセカ＜キク科＞

湘南海岸公園～江ノ島　300形
（平成 15 年 4 月）

七里ヶ浜～稲村ヶ崎　1000形
（平成 12 年 4 月）

アイスランドポピー ＜ケシ科＞

カリフォルニアポピー ＜ケシ科＞
（ハナビシソウ）

石上〜柳小路　20形　（平成 22 年 5 月）

石上〜柳小路　2000 形　（平成 19 年 4 月）

石上〜柳小路　1000 形　（平成 20 年 5 月）

湘南海岸公園〜江ノ島　2000 形　（平成 22 年 5 月）

カタバミ ＜カタバミ科＞

石上〜柳小路　20 形　（平成 20 年 4 月）

ハマダイコン ＜アブラナ科＞

七里ヶ浜〜稲村ヶ崎　500 形　（令和 2 年 4 月）

鎌倉高校前〜七里ヶ浜　1000 形　（令和 2 年 5 月）

ヤマブキ＜バラ科＞

稲村ヶ崎～極楽寺　500 形
（平成 18 年 4 月）

ムラサキハナナ＜アブラナ科＞

稲村ヶ崎～極楽寺　300 形
（平成 11 年 4 月）

稲村ヶ崎～極楽寺　1000 形
（平成 11 年 4 月）

ツツジ ＜ツツジ科＞

極楽寺～長谷　20 形
（平成 30 年 4 月）

七里ヶ浜～稲村ヶ崎　1000 形
（平成 10 年 4 月）

サツキ ＜ツツジ科＞

柳小路～鵠沼　1000 形
（平成 21 年 5 月）

シャスターデージー ＜キク科＞

鎌倉駅　1000 形
（平成 10 年 4 月）

ユリオプスデージー ＜キク科＞

江ノ島〜腰越　300 形
（平成 11 年 5 月）

こいのぼり

鎌倉高校前〜七里ヶ浜　20 形
（平成 18 年 5 月）

14

マツバギク＜ツルナ科＞

鎌倉高校前～七里ヶ浜　300形
（平成8年5月）

ゼラニウム＜フウロソウ科＞

極楽寺駅前
（令和2年5月）

ピンクッション＜ヤマモガシ科＞

ゼラニウム＜フウロソウ科＞

プリムラ・オブコニカ＜サクラソウ科＞

江ノ島～腰越　2000形
（平成10年4月）

夏

爛漫の春が一息つくと、花の主役はアジサイに変わる。やがて梅雨が明けると、今度はむせかえる日差しの中で、ノウゼンカズラやカンナ、ヒマワリなど夏の花が咲く。夏祭りや入道雲も季節を感じる。

アジサイ ＜ユキノシタ科＞

藤沢駅　1000形　（平成22年7月）

石上～柳小路　1000形　（令和2年6月）

石上～柳小路　500形　（令和2年6月）

16

極楽寺〜長谷　1000 形　（令和 2 年 6 月）

極楽寺〜長谷　1000 形　（令和 2 年 6 月）

極楽寺〜長谷　300 形　（平成 17 年 6 月）

極楽寺駅　1000 形　（令和元年 6 月）

極楽寺〜長谷　300形
（平成 20 年 6 月）

極楽寺〜長谷　1000形
（平成 28 年 6 月）

湘南海岸公園〜江ノ島　300形
（平成 19 年 6 月）

稲村ヶ崎〜極楽寺　1000形　（平成 12 年 6 月）

稲村ヶ崎〜極楽寺　1000形　（令和 2 年 6 月）

稲村ヶ崎〜極楽寺　2000形　（令和元年 6 月）

キンケイギク ＜キク科＞

石上～柳小路　300形 (平成 21 年 6 月)

石上～柳小路　1000形 (平成 24 年 6 月)

石上～柳小路　1000形 (平成 24 年 6 月)

ホリホック＜アオイ科＞
（タチアオイ）

七里ヶ浜〜稲村ヶ崎　300形
（平成10年6月）

チガヤ＜イネ科＞
（チバナ）

七里ヶ浜〜稲村ヶ崎　1000形
（令和2年6月）

ハルシャギク＜キク科＞

石上〜柳小路　300形
（平成15年6月）

ランタナ ＜ クマツヅラ科 ＞

鎌倉高校前〜七里ヶ浜　10形 (令和 2 年 6 月)

湘南海岸公園〜江ノ島　1000形 (令和 2 年 6 月)

ハマオモト ＜ ヒガンバナ科 ＞

稲村ヶ崎駅　500形 (令和 2 年 6 月)

ルドベキア ＜ キク科 ＞

稲村ヶ崎駅　2000形 (平成 19 年 7 月)

アルストロメリア ＜アルストロメリア科＞
（ユリズイセン）

石上～柳小路　300形（令和2年6月）

アガパンサス ＜ユリ科＞

石上～柳小路　1000形（令和2年6月）

ハイビスカス ＜アオイ科＞

柳小路～鵠沼　300形（平成4年7月）

グラジオラス ＜アヤメ科＞

石上～柳小路　20形（令和2年6月）

ノウゼンカズラ ＜ノウゼンカズラ科＞

長谷〜由比ヶ浜　300形
（令和2年6月）

長谷〜由比ヶ浜　10形
（令和2年6月）

鵠沼〜湘南海岸公園　300形
（平成11年7月）

アサガオ ＜ヒルガオ科＞

極楽寺〜長谷　300 形
(令和 2 年 6 月)

セイヨウニンジンボク ＜シソ科＞

稲村ヶ崎〜極楽寺　1000 形
(令和 2 年 7 月)

ムクゲ ＜アオイ科＞
(ハチス)

稲村ヶ崎〜極楽寺　500 形
(令和 2 年 7 月)

カンナ < カンナ科 >

腰越〜鎌倉高校前　1000形
（平成 21 年 7 月）

鎌倉高校前駅　800形
（昭和 57 年 7 月）

七里ヶ浜〜稲村ヶ崎　300形
（平成 10 年 7 月）

26

鵠沼～湘南海岸公園　300 形
（平成 4 年 7 月）

ユリ ＜ユリ科＞

極楽寺～長谷　2000 形
（令和 2 年 6 月）

ノカンゾウ ＜ユリ科＞
（ベニカンゾウ）

七里ヶ浜～稲村ヶ崎　1000 形
（平成 28 年 7 月）

ヒマワリ ＜キク科＞

七里ヶ浜〜稲村ヶ崎　20 形
(平成 25 年 7 月)

石上〜柳小路　300 形
(平成 26 年 6 月)

石上〜柳小路　2000 形
(平成 26 年 6 月)

夏祭り

腰越駅付近　旧 500 形
(平成 8 年 7 月)

江ノ島〜腰越　300 形
(平成 17 年 7 月)

江ノ島〜腰越　300 形
(平成 18 年 7 月)

ルリマツリ ＜イソマツ科＞
（プルンバゴ）

柳小路〜鵠沼　1000 形
（令和 2 年 7 月）

キョウチクトウ ＜キョウチクトウ科＞

七里ヶ浜〜稲村ヶ崎　300 形
（平成 13 年 7 月）

ペチュニア ＜ナス科＞
（ツクバネアサガオ）

ベゴニア・センパフローレンス
＜シュウカイドウ科＞

ハナスベリヒユ ＜スベリヒユ科＞
（ポーチュラカ）

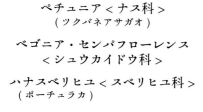

柳小路〜鵠沼　300 形
（平成 8 年 7 月）

入道雲

鎌倉高校前駅　500 形
（平成 22 年 8 月）

腰越〜鎌倉高校前　1000 形
（平成 20 年 8 月）

スイフヨウ＜アオイ科＞

稲村ヶ崎駅付近　500 形・20 形
（令和 2 年 8 月）

秋

ヒガンバナやコスモスが咲き、ススキが風になびき、人気のタンコロまつりが開催される頃には紅葉も進み、秋の気配が深まっていく。

サルスベリ ＜ミソハギ科＞
(ヒャクジッコウ)

石上〜柳小路　2000形　（平成13年9月）

トランペットフラワー ＜ナス科＞
(キダチチョウセンアサガオ)

七里ヶ浜〜稲村ヶ崎　10形
（平成21年9月）

ケイトウ ＜ヒユ科＞

石上〜柳小路　1000形
（令和2年9月）

ヒガンバナ ＜ ヒガンバナ科 ＞

鵠沼〜湘南海岸公園　300 形
（昭和 55 年 9 月）

鵠沼〜湘南海岸公園　300 形
（平成 29 年 9 月）

七里ヶ浜〜稲村ヶ崎　10 形
（平成 12 年 9 月）

稲村ヶ崎〜極楽寺　300・1000形　(令和 2 年 9 月)

ゼフィランサス < ヒガンバナ科 >
(タマスダレ)

七里ヶ浜〜稲村ヶ崎　300形　(平成 12 年 10 月)

七里ヶ浜〜稲村ヶ崎　1000形　(令和 2 年 10 月)

セイタカアワダチソウ＜キク科＞

鵠沼〜湘南海岸公園　1000形
（平成11年10月）

七里ヶ浜〜稲村ヶ崎　10形
（平成17年10月）

コスモス＜キク科＞

柳小路〜鵠沼　1000形
（平成20年10月）

稲村ヶ崎〜極楽寺　旧500形　（平成12年10月）　　　　稲村ヶ崎〜極楽寺　300形　（平成12年10月）

稲村ヶ崎〜極楽寺　2000形　（平成12年10月）

石上～柳小路　1000 形　(平成 20 年 10 月)

ハゲイトウ＜ヒユ科＞

ツワブキ＜キク科＞

湘南海岸公園～江ノ島　600 形　(昭和 52 年 11 月)

極楽寺～長谷　20 形　(令和 2 年 11 月)

キク＜キク科＞

由比ヶ浜〜和田塚　1000 形
(平成 11 年 11 月)

ススキ＜イネ科＞

鵠沼〜湘南海岸公園　300 形
(平成 11 年 10 月)

七里ヶ浜〜稲村ヶ崎　300 形
(平成 17 年 11 月)

タンコロまつり

極楽寺車庫（検車区）　100形
（平成 29 年 11 月）

紅　葉

稲村ヶ崎〜極楽寺　1000形
（平成 22 年 11 月）

江ノ島〜腰越　20形
（平成 22 年 11 月）

冬 一年を通じて一番花の少ない季節であるが、雪化粧をした富士山や残雪の鉄路には情緒が感じられる。ウメやスイセンが咲く頃には、春はもう間近。

落　葉

江ノ島〜腰越　1000形　（平成 17 年 12 月）

クリスマスツリー

江ノ島〜腰越　1000形
（令和 2 年 12 月）

シクラメン＜サクラソウ科＞

江ノ島〜腰越　1000・300形
（令和 2 年 12 月）

イルミネーション

江ノ島駅　300形・1000形
(平成 17 年 12 月)

サザンカ＜ツバキ科＞

和田塚〜鎌倉　1000形
(平成 12 年 1 月)

アロエ・アルボレッケンス＜ユリ科＞
(キダチアロエ)

稲村ヶ崎〜極楽寺　10形
(平成 31 年 1 月)

富士山

鎌倉高校前～七里ヶ浜　300形
（平成 24 年 12 月）

七里ヶ浜～稲村ヶ崎　1000形
（平成 14 年 1 月）

七里ヶ浜～稲村ヶ崎　1000形
（平成 21 年 12 月）

ウィンターチューリップ＜ユリ科＞

チューリップの開花の性質を利用し、球根を冷蔵保存して、普通より早く低温にあわせ、これを植えることにより、「春が来た」と勘違いして、冬に開花させることができる。

鎌倉駅　300形
(平成 22 年 1 月)

残雪の鉄路

鵠沼〜湘南海岸公園　1000形
(平成 18 年 1 月)

稲村ヶ崎〜極楽寺　1000形・300形
(平成 18 年 1 月)

極楽寺〜長谷　1000形
（平成18年1月）

七里ヶ浜〜稲村ヶ崎　旧500形
（平成13年1月）

ウメ＜バラ科＞

稲村ヶ崎〜極楽寺　1000形
（平成12年2月）

石上〜柳小路　300形
（平成 13 年 2 月）

スイセン < ヒガンバナ科 >

七里ヶ浜〜稲村ヶ崎　1000形
（平成 31 年 2 月）

七里ヶ浜〜稲村ヶ崎　300形
（令和 2 年 2 月）

江ノ島電鉄様からの写真提供依頼

記念切符のカバー写真
平成 10 年 10 月 10 日
鎌倉駅発行、藤沢駅発行

カレンダーきっぷ
2005 年、2006 年、2008 年
それぞれ写真 13 枚

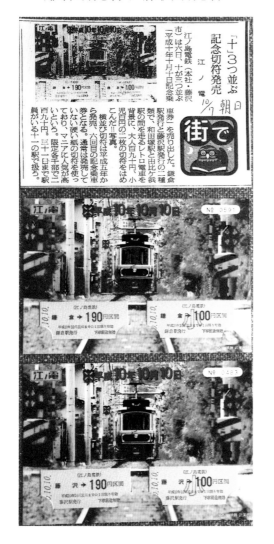

パンフレット（のりあるき）
フォトギャラリー

著者が制作・販売した絵はがき
（平成10年〜平成30年）
「江ノ電のある風景」8シリーズ（各8枚セット）

「江ノ電と花の情景」5シリーズ（各8枚セット）

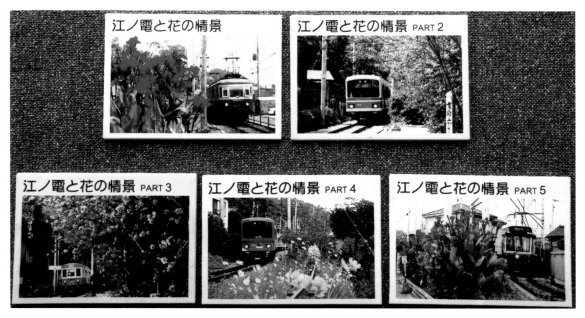

著書紹介
写真集「江ノ電のある風景」
写真でたどる江ノ電40年の歩み
平成30年5月28日第1刷発行
著者： 須藤武美　野口雅章
定価：800円＋税　発行所：江ノ電沿線新聞社

あとがき

　本書に掲載した写真は、昭和50年代から現在に至る約40年間に撮影しているため、宅地開発等により変身してしまった情景や、赤、白、青、茶色等の車両が登場した時代など、当時を知る方々には懐かしさを感じていただける一面もあるだろう。また、沿線に咲く花たちにより四季の彩りが加わり、江ノ電ファンのみならず、花好きの方々にも楽しんでいただけたことと思っている。

　沿線の散策に、本書が皆さまの何かの糧となれば、この上ない幸せである。

本書に登場した花たち一覧表

ア行　アイスランドポピー、アガパンサス、アジサイ、アサガオ、アルストロメリア（ユリズイセン）、アロエ・アルボレッケンス（キダチアロエ）、イチハツ、ウメ、エリゲロン

カ行　カリフォルニアポピー（ハナビシソウ）、カンナ、キク、キクモモ、キョウチクトウ、キンケイギク、グラジオラス、ケイトウ、コスモス

サ行　サクラ、サザンカ、サツキ、サルスベリ（ヒャクジッコウ）、シクラメン、シダレモモ、シャスターデージー、スイセン、スイフヨウ、ススキ、セイタカアワダチソウ、セイヨウニンジンボク、ゼフィランサス（タマスダレ）、ゼラニュウム

タ行　チガヤ（チバナ）、チューリップ、ツツジ、ツバキ、ツワブキ、デモルフォセカ、トランペットフラワー（キダチチョウセンアサガオ）

ナ行　ナノハナ、ノウゼンカズラ、ノカンゾウ（ベニカンゾウ）

ハ行　ハイビスカス、ハクトウ、ハゲイトウ、ハナズオウ、ハナスベリヒユ（ポーチュラカ）、ハナモモ、ハマオモト、ハマダイコン、ハルシャギク、ヒガンバナ、ヒマワリ、ピンクッション、プリムラ・オブコニカ、ベゴニア・センパフローレンス、ペチュニア（ツクバネアサガオ）、ホリホック（タチアオイ）

マ行　マツバギク、ムクゲ（ハチス）、ムラサキハナナ

ヤ行　ヤエザクラ、ヤマブキ、ユキヤナギ、ユリ、ユリオプスデージー

ラ行　ランタナ、ルドベキア、ルリマツリ（プルンバゴ）

＜著者の略歴＞
須藤武美（すどうたけよし）
昭和16年東京生まれ。昭和23年から江ノ電沿線に在住。
江ノ電乗車歴70年以上の江ノ電ファン。
著書に、写真集「江ノ電のある風景」（共著）がある。
今年80歳（傘寿）を迎える写真愛好家。

江ノ電の四季
令和3年5月25日　第1刷発行　価格1,100円（税込）
著者　須藤武美　発行人　松川倫子
発行所　江ノ電沿線新聞社
〒251-0025　藤沢市鵠沼石上1-1-1　江ノ電第2ビル7階　TEL.0466-26-3028
協力　江ノ島電鉄株式会社